I0542787

Jorge Farías

Caminos de no volver

BARKER & JULES'

BARKER ❸ JULES®

Caminos de no volver

Edición: Barker and Jules™
Diseño de Portada: María Elisa Almanza | Barker & Jules Books™
Diseño de Interiores: María Elisa Almanza | Barker & Jules Books™

Primera edición - 2020
D. R. © 2020, Jorge Farías

I.S.B.N. | 978-1-64789-154-1
I.S.B.N. eBook | 978-1-64789-155-8

BARKER & JULES, LLC
2248 Meridian Blvd. Ste. H, Minden, NV 89423
barkerandjules.com

ÍNDICE

Prólogo

A través de esta obra tendrán la posibilidad de conocer la extraordinaria sensibilidad del autor, a quien tengo el privilegio y orgullo de conocer desde hace más de veinte años, durante los cuales he podido constatar que, desde sus inicios como escritor, siempre ha mostrado pasión por el amor y el desamor y facilidad de describir situaciones que van desde aquel romance fallido hasta la bondad de aquel amor que está por llegar. La forma en la que Jorge Farías nos lleva por épocas, paisajes, sabores y aromas, con su narrativa, enamora.

Caminos de no volver nos permite conocer unos personajes entrañables, de carne y hueso, que nos comparten sus sentimientos, sus raíces, sus miedos y sus deseos, a través de historias contadas de una manera honesta y clara, de una forma transparente e intensa, exponiéndose sin ser juzgados y provocando en múltiples momentos que el lector se vuelva cómplice y testigo, aunque nunca estuvo ahí.

Dentro de estos caminos, sus protagonistas nos compartirán el latido de su corazón al enamorarse, acelerando nuestra respiración, y mostrarán su lado humano ante la desesperanza y el dolor.

Por primera vez Jorge nos ilustra parte de sus historias con los trazos que provocan el lápiz y el papel, lo que nos acompaña a imaginar qué sentía y qué pensaba al momento de plasmar cada frase en su cuaderno.

Las historias de "La Catrina" y "La entrega" nos transmiten la dulzura y complicidad del amor filio-maternal y cómo el dolor y la distancia se ven traducido en una joya que nos lleva desde el Cono Sur hasta la parte norte de nuestro país. Todo eso fue logrado por un hombre enamorado que se adentró por una joya y encontró, además, varias historias en su camino que, afortunadamente, hoy se encuentra entre tus manos.

Juan Carlos Cruz

Y comienzo...

Se trastornó mi tiempo a partir de este segundo. Un hombre, tras este dibujo borrascoso, en un ensamble de palabras hace evidente la existente agonía de una mirada. Los ojos de una mujer hacen de penumbras lo que hoy es palabra, la noche se hizo de noche y el día más claro, aún más claro. Es posible.

He decidido asentar en estas páginas dos historias y la crónica de un beso, que, sin pretensiones, buscan poner al lector en lo sutil de la realidad y la ficción del amor. Aunque, en el leguaje del amor, no existe lo normal o lo cotidiano.

Antagonistas dramáticos hacen de verso maltrecho la presente inspiración de cuentista y voz quebrada; por el tiempo gastado, por el duelo con amor en maltrato.

Historias de hombre de vida absurda, dice mi voz, dice la palabra que esconde la mirada húmeda, la mano temblorosa y el pecado lleno de nombres sin nombre.

Se puede vivir el más intenso de los amores sin ser herido, dijo mi padre unos días antes de morir. En el lecho de su vida, o de su muerte, encontré palabra y pensamiento, brazos, corazón. Espacios vacíos entre sus brazos para mi llanto y consuelo a su partida. Extrañar se convierte en este dolor que no duele más. He perdido dentro de la tórrida existencia de hombres normales. He ganado recuerdos de hombre loco y desesperado. Hallarás en estas historias mi nombre.

Viajando solo de vuelta

Haríamos un viaje lejano; me regalaste un cuaderno que narraría
la historia, y esto hice de él …

CUBA Viernes 2 de febrero

El Vedado (Habana Moderna)

Amanece nublada nuestra primera mañana en La Habana. La gente en el apartamento de arriba ya conversa en ese acento tan particular, y enciendo el primer cigarro que hace de desayuno. El ruido de los autos antiguos y la gente que camina en sábado por la mañana dibuja calles que sí se transitan y se vislumbran prometedoras al día que comienza.

La noche de anoche fue limpia de sábanas y besos. Pensé que la primera noche en Cuba sería dulce; pero de nuevo encontré lo que sabía que hallaría.

De pronto me pregunto, y la respuesta no tiene espera.
A lo lejos un par de cubanos revisan las llantas de un motorizado antiguo, verde botella. Una señora con bolso a cuestas sale de casa, al trabajo –imagino–; arrastra consigo una alegría inusual para la gente del país de donde vengo.
Muero por un café.

Se despertó poco antes de la hora acordada y dibujaba su muy breve pijama el sueño interrumpido, pues no me hallaba en lo blanco y rojo de nuestras sábanas. Me preguntó de mi estado, que no ocultaba lo triste que me había parecido la noche anterior.

¿Será que, para mí, en el amor, las noches siempre acaban en amor?

I

10:00 a. m.

Todo lo inesperado sucede. Le devuelve la noche a la mañana y su cuerpo me arranca besos, ropas, aliento y plácido cansancio de un día que comienza sin desayuno y una Habana que nos espera. Un nuevo baño me quita el sudor y reconforta con un agua más tibia que la ocasión anterior.

Caminamos en dirección opuesta a la de la noche anterior. Desayunamos en el lugar recomendado y $6 CUC con uno más de propina culminan un fantástico café con fruta fresca y huevos.

Fue increíblemente extraño como nos fuimos adaptando a los lugares, pues varias calles después nos encontramos con uno de los sitios que debíamos conocer. Era el gran Cementerio de Colón. Era un panteón que alberga restos de los padres de José Martí y varias celebridades de la Revolución cubana.

Entramos a través de un arco. Notaron la visita extranjera. Pagamos el peaje y las indicaciones para conocer el lugar que, dicho sea de paso, tenía, según la indicación de un rubio cubano, uno de los mejores ejemplos de arte post mórtem.

Y digo que nos fuimos adaptando pues la conversación nos ha llevado a lo inevitable de la muerte de tu padre, a lo roto de la muerte de los míos.

Caminamos entre criptas bellísimas y llenas de arte mortuorio, que ya es decir bastante. Me enteré de que querías cremación, y que eras pro donación.

II
Pasado el medio día

Las calles y los pies cansados no hallaron descanso. Llegamos al monumento a la Revolución, donde una gigante torre y, a sus pies, de nuevo, un José Martí saludaba. Un moreno guardia nos dijo que no podíamos acceder sino hasta el lunes. Sería demasiado tarde. Nos tomamos fotos y, del lado opuesto el Che, nos hizo una más.

Pasado eso llegamos a la estación del autobús que nos llevaría a unas cuadras del Gran Hotel Nacional no sin antes pasar a una pequeña sección de la Feria del Libro.

Una cuba libre y un daiquiri nos acompañaron a caminar pasillos, panza, artesanías y muchos cubanos que siempre aseguraban que conocían o habrían estado en mi país.

III
Caía el día...

Hicimos muchas fotos y recorrido en el Gran Hotel Nacional. La brisa del malecón y el haber hecho un magnífico ejercicio de turistas nos llevó a terminar el día subiendo a un descapotable Chevrolet de 1950. El acuerdo fue por algunas horas, y más allá de conocer La ruta de Ernest Hemingway y de descubrir Las Habanas antigua y moderna, nos ha llevado también a comer a un paladar por una langosta y un ron especial, que nos han ofrecido por un par de CUC.

Compramos unas botellas de ron que llevaríamos de vuelta a casa y unos Cohiba del número 1.

EL resto de la tarde fue tranquila, hasta que llegó el espectáculo de la cena.

La Fábrica de Arte Cubano, uno de mis lugares favoritos de todo el viaje, una antigua fábrica convertida en un museo de arte moderno. Cada pasillo, lleno de artistas urbanos, pintores, escultores, incluso músicos de diferentes géneros distribuidos en diferentes áreas de la antigua fábrica.

Nos tomamos cientos de fotos ahí, y regresamos caminando al Vedado. Yo no fui muy feliz... Sangraron mis pies.

IV

Viñales

Llegaba la hora de viajar al interior de Cuba. Esta vez sería Viñales, una provincia al norte de la isla, y que mayormente, por su temperatura y vegetación, es ideal para la plantación del mejor tabaco del mudo. Ahí los forjadores son una cosa sin palabras.

Justo la noche anterior habíamos acordado hacer este viaje con Heily. Era una chica acompañada de su madre, ambas cubanas de nacimiento. Ellas se dedicaban a dar estos paseos a diferentes ciudades de la isla. El auto, inmenso, y cabíamos perfectamente en el asiento de atrás.

Después de casi dos horas de viaje llegamos por fin, donde estaban los plantíos de tabaco. Nos hicieron el recorrido y nos explicaron el tiempo que lleva llegar a la planta, mientras un hombre a vista de muchos forjaba un habano que regaló a cada uno de los que allí estábamos presentes. Una verdadera delicia.

Antes de comer, pasamos a un lugar que se llama Pinar del Río, ahí nos llevaron a un sitio fantástico con un mural inmenso llamado *El mural de la prehistoria*, una obra preciosa de 120 metros de altura, uno de los frescos al aire libre más grandes en el mundo, una cosa espectacular. También nos mostraron un lugar que se llama La cueva del indio, que es una especie de gruta que se recorre a través de una lancha motorizada. El recorrido es solamente de un kilómetro, pero fue un kilómetro increíblemente romántico.

Nos fuimos dormidos de regreso. En el viaje, pese a no ser muy largo, habían sido muchas las cosas que hicimos ese día.

Ya en La Habana, pedimos de nuevo cuba libre y un daiquiri. Una cena deliciosa y el espectáculo, donde se celebran los más grandes expositores de la música cubana de los años 70, el inolvidable California Social Club.

Simplemente espectacular la cena mientras fumábamos un habano recién forjado unas horas antes.

V

Varadero

De nuevo de viaje, Heily esta vez iba sola. Su mamá había debido ir al médico y no podía acompañarnos esta vez, en que viajamos a un lugar que nos trajo recuerdos. De nuevo era el mar del Caribe, solo que en otro país. Varadero.

Este viaje fue mucho más tranquilo; la distancia era similar, también casi dos horas. Aquí casi no había nada. Lo único que encontramos fue una tienda, compramos algo de comer y de beber. Estuvimos allá. Un par de camastros. Nos sentamos justo frente al mar. Te quedaste dormida y me puse a leer un rato.

Disfrutamos unas horas en la increíble calma de la playa. Un rato después pasamos por una de las sucursales de la Bodeguita del medio, para una nueva sesión de fotos. Regresamos a La Habana, descansamos un rato la tarde porque en la noche iríamos a un espectáculo, El Parisien, en el Gran Hotel de La Habana.

VI

La Habana Vieja

No fue una mañana como todas. Esa vez fuimos a desayunar a un café justo en el centro de La Habana: un café expreso fantástico y un poco de pan nos llenaron la panza para así iniciar la caminata. Es lo que fue y seguirá siendo la antigua y muy vieja Habana.

Ahí nos encontramos con lo espectacular de los edificios, de los parques, de todos los lugares increíblemente hermosos que los turistas visitaban. No hacía falta mucho adentrarse en las calles para darse cuenta de la polaridad de la gente en la isla. Era como el polvo debajo del tapete, solo debías remover un poco para notar la mucha pobreza de los cubanos.

Caminamos por los lugares obligados, vimos las cosas que teníamos que ver y, por supuesto, aprovechamos para hacer un par de cosas que nos encantan. Buscar entre tiendas algún recuerdo que llevar. Ya no teníamos entonces dinero, pero buscamos la oportunidad de poder claramente tomarnos un mojito en La Bodeguita del medio, un daiquiri en El Floridita y traer algo a nuestro país, que nos hiciera nunca olvidar este viaje.

Llegamos de nuevo al Vedado, le dejamos a Ana y a Pedro unos regalos que habíamos traído desde México, aunque a Pedro jamás lo conocimos. Tomamos nuestro avión de regreso, parecía que no seríamos los mismos después de Cuba, nuestro nuevo México.

Era miércoles 7 de febrero.

Narrativa Privada

Una tarde, la última, escribíamos un poema en la isla.

No era la primera que visitábamos, pero sí la primera en que nos tocamos diferente. Te hallé recostada en la página blanca de las sábanas de nuestra cama en La Habana.

Tendiste tu mano hacia mí con la dulce invitación de una mirada; las persianas entreabiertas y las 3 de la tarde han hecho su encanto.

El despojo de todo. Aunque vestido ya no tenía. Rocé tu boca como dulce racimo de uvas frescas, probé tu cuello y mis manos caminaron por tu cintura estrecha y morena.

Mis dedos recorrían lo sutil del encaje de mis anhelos, tus manos no vacilaron en mi espalda mojada de caricias y rompiste el resto que me tapaba.

Me quedé ahí por un momento tan infinito como lo bello, mis manos se llenaban de tus piernas y aterricé en el sueño que mataba por conocer debajo de tu cintura.

Levanté la cara para encontrar en tus ojos lo que tanto me hizo falta. Se acomoda mi cuerpo en el lugar conocido por mi amor desbordado hasta que muerdes tus labios pidiendo que el amor no cese, como las olas del mar de Cuba.

Mi pecho escurre en sudor y cierro los ojos para no distraer del mareo tu sonrisa clara y el viejo cansancio nos regresa a Viñales, a Pinar, a Varadero.

Un nuevo baño de agua fresca, tu ropa de nuevo, la mía.

Sin saber cómo, tomamos un vuelo de regreso.

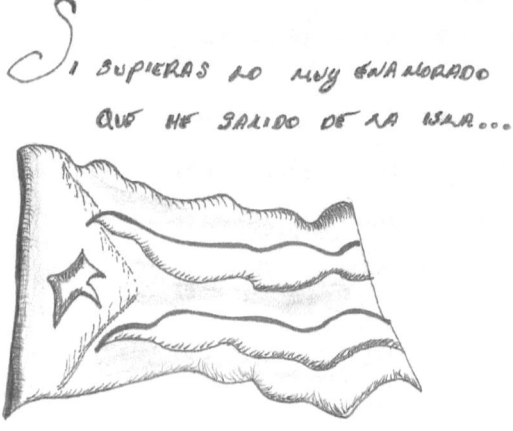

El regreso...

Al regreso de la isla creo que nada ha cambiado.

O tal vez ha cambiado todo.

Me estoy separando de esto.

Estás en mis pensamientos como rosal de viñedo nuevo. Dicen que, al inicio de la vid, se anuncia la llegada de su asesino, aunque parece que nadie la ha visto marchitar.

Las señales en mi corazón son blandas, como agua acidulada entre los dientes. Las mañanas me distraen como luciérnagas en Holbox, y en medio de los kilómetros de la tarde, te he hallado esperando una llamada que no llega.

Hablé de ti en la comida de la tarde, y me encontré con ojos tristes, aunque en negación; encontré abandono.

No es obligación nuestra amarnos, es verbo que duele entre los labios y que al deslizarse por la garganta tiene su final en la panza. Me dueles en el recóndito espacio vacío que provoca la palabra. Te he buscado entre las sábanas, y no encuentro más que pie frío que no es tuyo sino mío.

De pronto comienzas a no hacer falta. Te llevo en los pensamientos y el corazón no avanza. Será que nos hemos distanciado por lo no dicho, por lo puesto en palabras que hacen en mí el oficio.

Será que me siento culpable de escribirte estas palabras, y que hubieras sido tú la que trajo este libro vacío a mis manos. Será que al cerrar la puerta, el círculo, la llamada, la espera, la cama, no derramé nada: ni la lágrima, ni la copa, ni el vaso de la mañana.

Será que te habrás ido con los pies desnudos, sin hacer ruido, sin dejar huellas, sin saber siquiera que tu partida y su retorno nos alcanza. Será que no tenemos nada, que lo que hubo se quedó en la isla y se murió en la cama. ¿Será cierto?

Papá…

Papá decía que lo mejor era tener una casa como esta, la de mi hoja anterior: con hojas que caen y salen a lo largo de los años, y que dejan pasar y crecer las estaciones.

Oír de fondo un viejo piano o una guitarra que suenen a niños corriendo, los de tus hijos, los de nosotros, los que como papás cuidemos, y con gris en el cabello mal y muy mal eduquemos.

¿Será, papá, será?

Flor

Como una flor sin primavera, como loco sueño de día cualquiera. Te miro en mi asfalto jardín que recorro y corro a diario.

Luna y estrellas blancas se hallan en silo oscuro de mi cuarto, que sin ti se aromatiza, soledad, a tu nombre que no besa, o que besa a distancia, como distante tu pie derecho.

Como derecho a tu abrazo tendré;
al menos, al menos por hoy.

Otro día

Quise que fueras mi… "mañana será otro día".

Y con ese pretexto te he puesto en el espacio donde solo da el sol en mi habitación.

No ubiqué una de las muchas fotos en portarretratos en el buró.

Incluso ubiqué las imágenes en lugar tan poco visible que recordarlo juntos era solo acto reflejo de mi hoy débil memoria. He dejado esa responsabilidad de llevar sangre al cuerpo. Tarea compleja en principio, pero creo que hallaremos como salir adelante. La eterna negación de lo mío, de lo tuyo, de lo nuestro.

Tu apellido fue la serenidad, y como segundo nombre, precaución. Entonces te llamaste así, combinación salina al corazón.

Lo nuestro tiene un reloj que marca al inverso: no dice cuánto sigue, dice cuánto queda.

Bebí

Bebí el inventario en la casa, encontré grandes paquetes de salmón, sal, pasta y amor.

Hallé especias que hacen noches largas y mañanas que parecen noches de amar.

Entre cajones, cucharas y removedores de antiguos besos, de canciones que antes fueron tú, y que hoy son solo de ayer; como, amor, solo hoy eres tú.

El estridente acomodo de sartenes, vasos y sueños no me dejó dormir.

Mi sueño y mis vecinos, aunque en silencio, de pronto sí dijeron. Encontré la taza roja, el cubierto doblado que no tiré, la vajilla incompleta que resguardo y que, como mi corazón hoy, seguro guardaré.

Lo que nunca escuché

He echado de menos el sudor en tus manos y la sutil caricia de tu voz en mi oído.

Caminaste a distancia los pasos que caminé y que, pensé, no podría hacer solo.

Quitaste la astilla que tenía entre los dedos de haber tallado la mesa donde comimos, donde hallé la conversación que nos cambió y que olvidamos.

Secaste mi cabello mojado, que provocó la lluvia que solo me ha mojado a mí, de la calle que caminamos los dos.

Trasformaste la mañana y la hiciste desayuno. Pronunciaste mi nombre en medio de la calle y pusiste bronceador a una espalda que buscó sombra de cobijo.

Qué razón tenías.

No todos son palabras.

Cama

La cama es como la mesa de los que se aman. Ahí se puede comer, en la cama amor; solo debe beberse el mejor vino que de viñedo ha salido. No habrá sólidos pies que construyan caricias que no terminen en besos, solo en amor.

La cama se hizo, la hicimos para amarnos a distancia de película, de calor de besos, y de adiós.

La cama amor es el silencio compartido entre dos.

Aguja

Rompiste el mejor de mis besos con tu boca, y ha sido tu beso.

La has roto con el beso último que hoy recuerdo. Si eligiera la más pequeña de sus agujas, en ese ojal cabrían cientos de ellos.

Cómo has de hacer del remiendo una costura invisible en el corazón.

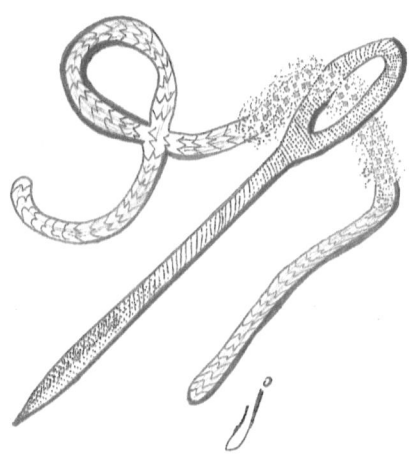

Ocho

A casi 8 meses de distancia he comenzado a pensar que no podré más.

He charlado días enteros con mi confianza y todo indica que ahí está.

Tu espíritu de libertad mantiene en silencio lo que no has debido callar.

Recuerdo los días de aquel viejo amor en que esperaba en casa a una mujer que mentía y mintió. Cuando hablo por última vez conmigo, aun con sus engaños le pedí que se quedara.

Olvidarla me llevó libros y lágrimas enteras, y hoy no quiero, pues no quiero volver a ese viejo niño que un día fui.

No puedo decir con certeza que necesito que dejes de mentir. No más silencios, ya basta de callar.

Será difícil…

Será difícil… No sé cuánto y cuánto tiempo me llevará ponerte en el pasado, en el olvido.

Debo confesar que no tengo mucho espacio para acomodar tus cosas, dónde guardar Cozumel y su Katrina. Es bastante grande.

Dónde guardar La Habana y sus mañanas. Dónde guardar Bernal y su cena, o Valkirico y sus canciones. Dónde guardar Monterrey y el ascenso. Dónde guardar mis regalos de Navidad o de esos viajes.

Dónde guardar tu buró y su libro de noche, o mi libro en un buró antiguo y secreto.

O los caminos de tu casa. O mi único perro, que no era mío.

Junto a mi cocina, se ha quedado el plato de comida de mascota que ya no es mía, que ya se fue.

Vendrá el olvido, lo sé.

Pero... ¿cuándo?

Candado

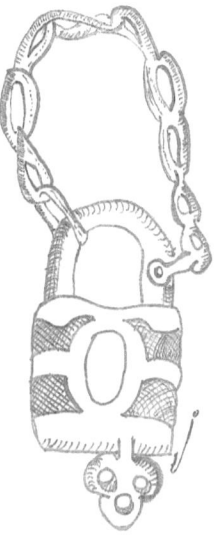

Lo mejor será borrar tus cosas, las mías.

Uno no siempre está preparado para el final, los inicios deslumbran como el café de la mañana.

Ayer, siguiendo las prescripciones que me han dado, he avisado a mis padres que no estarás más por aquí. Lloré un poco, pues te he querido, les dije, y que nuestro inicio fue incierto, que empezó en una noche que no fue de noche.

Que desde ahí no coincidimos. Que me fui pensando que no me querías, pero sí. Que te besé de nuevo con una sorpresa que en realidad eran cuatro.

Que hicimos muchos viajes y que hicimos el amor en todos ellos.

Que nos ha costado trabajo dormir juntos, pero que sí supimos caminar de la mano al menos mientras duró.

Incluso, motivado por ella, tomé una terapia para entender por qué ya no estaban vivos.

Todo me sirvió, les dije.

Lavé la sal de mi cara, me puse de pie y salí de la iglesia donde estaba.

No lloraré de nuevo.

Todo está perdido, todo terminó.

Libro japonés

Me siento como mi libro japonés: eterno, aburrido, como esa parte emocionante pero triste.

He leído página tras página y no descubro nada más. He decidido terminarlo pues he llegado tan lejos que habría sido un desperdicio no llegar hasta el final.

Sabía, como todos los libros, que un día terminaría, y aunque hoy estoy a solo treinta páginas, sé que no habrá nada que me sorprenda. Era algo esperado, anunciado, muerto de inicio y muerto al final.

Lo sé porque he estado ahí; al final, los dos somos iguales. Ambos buscamos la calma de un amor que nos deje dormir en paz. Pero no podemos dejar en el fondo la montaña rusa que siempre hizo del vértigo nuestras vidas.

No hay nada más triste que estar con la persona correcta, pero que no puedas acelerarle el corazón.

Es como mi libro japonés, estamos a treinta páginas del final.

Uno

Pese a lo que en la adolescencia creímos, Baldor fue un ilustre matemático cubano.

En sus muchas teorías, una de las más usadas, si no la que más, ha sido la del "uno".

Hoy es 23 de agosto y estamos a unos días de hacer del "uno" de esta historia, una historia que ansío sea interminable.

Siempre hallé en las palabras más de lo que imaginé en números, y hoy, con lo simbólico del pensar, "uno" se convierte en el pretexto ideal para su contexto.

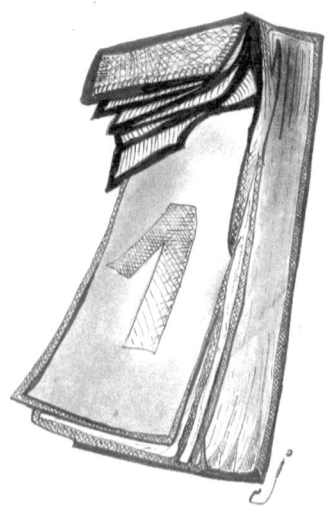

El "uno", desde sus inicios, indica lo redundante de la frase; lo mismo "uno" fue primero que "dos" y antes que el "cero". "Uno" no significaba tanto que ha sido todo hasta que el "cero" fue el que hizo la diferencia.

Amo a la mujer que conocí en Morelia, pero que nació en Toluca, aunque vive en Querétaro. Dicho sea de paso, mientras yo vivía en la ciudad de México, aunque ahora vivo en Veracruz.

¡Lo claro nunca fue difuso, la amo! Como no imaginé jamás.

Primer día sin tu voz

Agónico, de muerte. El paro es anímico y cardiaco.

Me senté en aquel restaurante que nos hizo sí, por 365, hasta mis hoy agónicas palabras.

Te entregué la luna, sonrisa, y la brisa que hizo de sonora ventana noche y mañana, solo para que mañana acabara en estas líneas. Y a volar aprendí, después de aterrizaje forzoso. Rompes el humo de señales vistas por nadie. Y entre un par de veranos, el frío de un invierno y el dulce sutil despertar de Navidad, hoy amanezco sin regalos de nada, solo el recuerdo de haber estado ahí.

Después de esperar

Decidimos esperar. Tal vez una noche o dos mientras las aguas hallaban calma, dulce intento descarriado de la espera. En mutuo y claro acuerdo hemos decidido, como siempre es, y ha sido.

Callar.

Los dos conocemos las razones, los dos conocemos la verdad.

Comuniqué a todos mis sentidos que no estarías; les dije a mis manos que no te tocarían, que no te rozarían como lo hace el viejo sol de Bernal.

Les dije a mis pies que no sangrarían al baile único de tus brazos en la pista de boda, o de amor en medio de antigua Hacienda en Morelos.

Le dije que no se preocupara a la canción que salía de mi boca y diafragma para tu oído. Le dije también a esa pluma: más no escribas, pues lloro, y llamó el sonido del estómago vacío a un oído que un día simple, un día cualquiera, diga… ¿tienes hambre?

Les avisé a todos, pero ninguno entendió.

Y en venganza me han puesto a escribir esto, y solo esto.

Independencia

¿Cómo defino esto?

Lo que un día supo a dulce entre la lengua y los labios, hoy es un amargo y sutil dolor en la comisura perfecta de la boca.

Justo hace un año estábamos frente a frente mirándonos mientras te regalaba un avión y la playa que nos vio por primera vez enamorados.

Hicimos de la independencia el momento perfecto de una casa convertida en hotel.

Me hiciste bailar en la fiesta del pueblo, y me besaste como solo tú haces.

Tomaste mi mano mil veces y me abrazaste tan cercana, tan propia de nosotros hasta que los besos nos llevaron a lo que hoy somos.

¿Cómo defino esto?

Lo último...

¿Sabes? He debido cambiar.

Debía hacer estos ajustes mínimos, como por ejemplo estar sin ti.

Debía hacer un alto, aunque en realidad no sé si lo que hice fue avanzar.

Cambié la forma en que veo, miro y beso las cosas. Le he puesto menos los labios y puse lógica en lugar de lengua. Guardé las palabras para cuando fueran imposibles de retener y las pronuncié solo para decir lo estrictamente urgente como...
Tengo hambre, tengo sed, ¿quieres que maneje?, abrázame, mírame, di la verdad, adiós.

He debido hacer algunos cambios, unos más sustanciales que otros. Debí reaccionar a los besos y caricias solo para quien quisiera poner sus manos también sobre mi espalda y sobre mis manos.

Hice el presente monótono, para hallar en lo cotidiano lo que siempre quise de ti y no se halló.

Por hoy los cambios funcionan, la vida va. Se respira el mismo aire que hace días o meses respiré.

Justo ahora que estoy solo, sin ti y conmigo, debí cambiar. Dejar de amarte fue lo primero, solo espero con urgencia, con prisa, con desvelos, lo último que hoy te pido.

El olvido.

Regresemos un poco el tiempo...

Habría sido un tanto injusto iniciar la historia con el final. Narrar en breve lo que en el camino nos llevó al último de nuestros días juntos.

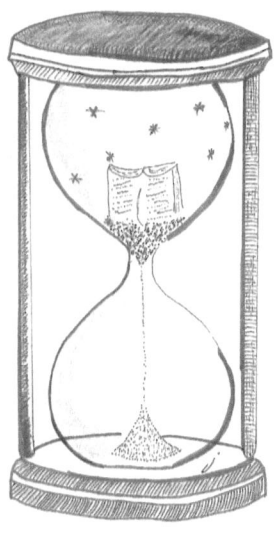

Es por eso que he decidido terminar esta historia con el inicio. Narrar cómo empezó todo esto. Justificar por completo lo que dio inicio a la narrativa.

Todo se fue terminando en un viaje, aunque también dio inicio en uno. Todo nos lleva a un cuadro, a la pintura perfecta que inició en una fotografía, y que terminó en este libro

Demos un paso atrás...

La Catrina

El sonido del fregadero en la cocina era perfecto indicativo de que la cena había concluido para Romina, quien, a sus 65 años, como cada noche los últimos 30, había cenado a solas en aquella casa ubicada en Misiones. Vivía lejos de donde todos los paseantes aparcaban los autos, de autobuses llenos de rasgados y rubios buscando la mejor fotografía de los tres países y tratando de, en imágenes, restregar en la foto el esplendor del sonido de Iguazú. A diferencia de otras tardes Romina recibiría visita de su único hijo, que hacía varios años radicaba en paradisiaco lugar del Caribe en México.

Luis no tocó la puerta como de costumbre, y bajo el tapete de bienvenidos de la entrada sacaba su llave y caminaba con sigilo.

—¡Romina, vieja hermosa…!
El grito rompe el plato en solitario, que iba camino al estante. Él grita de susto y de alegría. Tan argentino como su madre, la abraza y la levanta del suelo mientras ella se queja y ríe.
—Pero ¿qué hacés aquí, mugroso y sin esposa…?
—He venido a mirarte a vos. ¿No morís de alegría, vieja?
—Casi me has matado de un susto, horrendo malcriado. —Todo, en un tono dulcísimo, como los alfajores de Romina.

La charla ha durado varias horas y se ha extendido por varios días, y Luis ocupó la habitación que cuando niño hizo, incluso aún conservaba el muro tras su cama un viejo póster de Fito Páez que puso en su adolescencia.

Todo cambiaría por completo cuando, al revisar fotos en los cajones, halló foto propia en brazos de su madre, cuando la botija solo tenía 5 años. Ella, increíblemente más delgada, y su rostro, limpio como el agua del Amazonas.

La tinta bicolor en la foto, su mirada extraviada en un árbol y la suya, en misma dirección. Miraba de izquierda a derecha, el ángulo perfecto para marcar las líneas sutiles de su cuello y perfectas facciones de una Romina llena de vida en sus 25 años.

Grito a lo lejos después del hallazgo.

—Viejita, ¿dónde nos han tomado esta foto? La del árbol; yo, cuando era niño, esa en sepia.

Pasaron horas mientras Romina relató la historia del árbol, de la foto, del color sepia, de esos años y de cuando él tenía cinco. Le pidió Luis, a su madre, la foto, y en el jardín de casa saca sus viejas herramientas que de estudiante le han dado oficio.

Siempre quiso ser pintor.

Acomodó en un ángulo dirigido contra el sol antes de que las noches cayeran, y comenzó a pintar a Romina. Caballete, un viejo banco multicolor, una vieja mesa del mismo tono y sus muchos pinceles y botes a medio llenar de distintos colores. Enfundó el marco con un lienzo virgen, y los óleos comenzaron su tarea en medio de dedos lujosos y gastados. Romina se iba haciendo entre los trazos más perfectos que delineaban su rostro y su nulo maquillaje, su seriedad de luna y su semblante de estrella. El lienzo inacabado, de pronto, se enrolla y toma un vuelo hacia México, Playa del Carmen.

Semanas más tarde, Luis recibe una carta escrita por Lorenza, hermana de Romina. Malas noticias. Romina fallece una semana después de la partida de Luis, y dejando Misiones él ha dejado a su madre con el resto de un cáncer conocido entonces y oculto como muchas de las cosas que reveló esa tarde con foto en mano. Luis, en el documento limitado e interminable, no hallaba motivos de regreso, y decide devolver a su madre a la vida muy al estilo del mes de noviembre, mes en que ha recibido la carta.

Romina, su madre, es ahora una bellísima Catrina mexicana.

La entrega

Es una historia bellísima…

Como es natural en la vida, nunca imaginé que sucedería ni esto que ahora relato, y mucho menos lo nuestro.

Tu cumpleaños nos trajo hasta aquí. Y mi mano halló su destino en estas líneas.

Hicimos un viaje encantador y nos inventamos actividades y cosas mientras tomábamos barcos, caminatas y uno que otro trago. En medio de todo aquello y mientras caminábamos por la quinta, se hacía de noche. Era una diminuta entrada en medio de la calle y sus luces. Se hallaba puerta abierta y un anuncio iluminado que decía… "Galería".

De pronto la primera obra nos arrolló hasta ese pasillo interminable lleno de flores en los muros, Fridas y cuadros iluminados por luces tenues e indirectas. Una obra tras otra, más bella siempre que la anterior, como poderoso remolino nos arrastraba hacia el final del pasillo. Nos sorprendió un patio lleno de adoquines y un árbol gigante, una fuente y lo sutil de las luces nocturnas de Playa del Carmen.

Un retroceso al tiempo nos hizo con brazos en las espaldas recorrer las obras que dilucidaban lo que sería el cambio de timón de un barco con destino interminable. Te desprendiste de mi lado para hallar la obra que cambiaría esta historia por siempre.

Detrás de aquel inmenso árbol se hallaba un cuadro dulcísimo.

Te cautivó desde el primer instante. Jamás había visto tus ojos tan prendidos de algo como de aquel rectángulo al óleo de la Catrina más bellamente pintada por un artista argentino que halló inspiración en nuestro país.

En medio de tu distracción y con lo sutil de tu encuentro, he decidido tomarte una foto con tu absorto semblante de haber hallado lo que siempre hubieran tus ojos y corazón buscado.

Emerge de una puerta el asistente del artista y nos relata historia bellísima de la obra y de las muchas que lo acompañaban.

Los minutos en su recorrido parecía que detenían el tiempo. La duda no te ha matado, pues consultas el precio de la Catrina, y con dolor en ambos el corazón lo rompen las cifras, las manos vacías y los bolsillos igualmente tristes.

Salimos del lugar y me describes con extraordinaria claridad la ubicación en tu casa de la obra, como se iluminaría y como sin dudar la Catrina haría lucir en tu hogar su bella existencia.

Una cena sublime y el resto del viaje conmocionan mi corazón, y asestas duro golpe al músculo de circular sangre en mi cuerpo.

Las noches no me dejaban en paz, y la Catrina se dibujaba y se pintaba de nuevo en ese muro en tu casa. Entre sueños me llevas, y hago la llamada después de 3 semanas de tan sutil encuentro con ese óleo.

—Buenos días, te mandaré una foto de una de tus obras. ¡La quiero!

—*Es una obra fantástica, ha sido pintada en inspiración de mi madre. Inició siendo su retrato, pero su contexto cambió al morir unos días después de iniciar la obra. Hice muchas versiones de ella, pero en su muerte ella decidió ser la catrina que hoy terminó siendo el cuadro que has mirado.*

—Es una bellísima historia. ¿Por qué has decidido venderla?

—*No ha sido mía la decisión, sino de ella; en sueños la ha visto en casa de alguien más, y he buscado su deseo.*

—¡La quiero!

—*¡No es posible!*

—¿Qué ha pasado?, ¿te has arrepentido?

—*No, la he vendido, alguien más vio lo que vi en ese cuadro al pintarlo.*

—¿Tendrás el teléfono de quien la ha comprado?

—*Sí, pero sé que no la venderá…, cuando la ha comprado le conté la historia.*

—Te suplico su número… ¡Por favor!

—*Este es…*

Inicié en varios intentos la llamada hasta que por fin ha contestado. Flavio, de 63 años, coleccionista de Catrinas radicado en Ensenada, Baja California, toma la llamada y se sorprende de mi solicitud y mi necedad en adquirir el cuadro. Su respuesta ha sido NO, hasta que escucha, como hoy tú, esta historia.

—*La venderé, pero no será jamás por el precio que he pagado por ella.* Sus decires y los míos nos llevan a un acuerdo.

Noviembre 17. Llega a mis manos un rollo, y en su contenido, la **Catrina**, se enmarca y se luce en mi casa por unos días mientras te espera.

El resto no lo contaré. El resto es solo mío, solo tuyo, solo nuestro.

Por fin la **Catrina** de la quinta, de la noche, de nuestro primer viaje. Hoy no es de nadie más que tuya, como tuyo lo que está entre mis pulmones, lo que hay entre mis manos, lo que no tengo y que sin duda hoy miraré en ese cuadro cada vez, y cada vez que cierre los ojos… por siempre.

No todo lo hizo el Cuaderno de Bicicletas, fueron las cosas que
pasaron en medio de los días a tu lado. No todo fue escrito,
algunas cosas simplemente pasaron sin testigos.

Mis cuatro muertes

Son las ocho de la mañana, el sol ha iluminado parcialmente mi habitación, como cuando el verano se asoma ante el brillo matinal del crepúsculo, y así, como si encendiese un farol en medio de la noche, mis ojos se entreabrieron y comenzó el día con el cantar de los autos, de la gente que va a trabajar, de los niños presurosos que tras sus madres corren a la escuela; el susurro agudo que provocaba a mis oídos es un tanto abrumador, es tan sencillo que taladra mi cabeza como el cincel de un tal Miguel esculpiendo su piedad. Pero así pasaban los días, muchos tormentosos, muchos cotidianos, pero finalmente pasaban.

Mucha gente dice que vivir es uno de los más grandes dones, que alguien allá arriba nos dio; me dijeron quién, pero no recuerdo su nombre. Creo que esa filosofía no se aplica a un hombre como yo, porque qué sé puede esperar de un hombre que ha vivido ya tres veces, que ha muerto tres veces y aún persigue el lenguaje subversivo de una vida nueva, y cada vez más distinta una de la otra; por eso la vida no es el mejor de los regalos, creo que es el único de los regalos, porque ayer no tenía nada que comer, caminé un par de horas por tantas y tantas aceras, tantos parques, tantos semáforos y vi pasar a tantos autos, mientras mi mano extendida pedía un poco de alimento, me lo negaron, incluso un niño que traía una bolsa de dulces llena me dijo que no; no sé cómo me atreví a pedirle un dulce a un niño, pero me lo negó. Es cierto, la vida es el único regalo que nos han hecho, porque ahora, en estos tiempos, nadie regala nada.

I

Nací como muchos, en un viejo hospital de una gran metrópoli, el hospital estaba lleno de gente que corría de un lado para otro y no sabía yo qué pasaba. Simplemente confortable estaba en una sábana blanca en los brazos de una enfermera que se llamaba Lourdes, o por lo menos eso decía su gafete. En mis manos estaba la rugosidad y gastada textura sutil del sobrante de sábana que se deslizaba escasamente de las manos de Lourdes. Me llamaba Claudia y, a pesar de que el apellido no importaba, me gustaba oírlo, no sé por qué, pero creo que era porque sonaba bonito. Así me dijeron desde que entré a la sala de incubadoras. Era un tanto extraño ver a tantos niños y niñas en cápsulas que parecían de cristal, pero eran en su tacto de acrílico. Su textura era fría. Era un tanto lúgubre porque veías pasar a mucha gente, pero jamás te tocaba, y creo que sabe de la importancia del contacto físico, de la textura de la piel de los humanos. Es por eso por lo que quizás extrañaba un tanto eso, no a mi madre que años después me enteré de que murió al decidir tomar su vida y dármela a mí. Creo que, hasta ahora que reflexiono, se equivocó tomando tan aberrante decisión.

Tuve una infancia un tanto común, en quizás algunos momentos un tanto febril; tenía muchas amigas y jugábamos a tantas cosas. Nunca me gustó jugar con niños, siempre se me hicieron sucios y desagradables, pensaba que hasta repugnantes eran. Quién iba a decir que eso influiría tanto en mi vida. Hacía las labores del hogar a los seis años. Mi casa estaba en una colonia muy céntrica, podías encontrarlo todo ahí. Mi casa blanca con detalles en el techo color ladrillo que la hacían lucir hermosa; bueno... yo siempre la vi hermosa. Eran ya las cuatro de la tarde y mi padre, que se había casado dos años después de que mi madre murió, llegaba a comer y Roxana, su esposa, le preparaba una pasta que tenía muchas verduras y varios quesos; era muy extraño el platillo de aspecto, pero sabía muy bien. Mi padre llegó y, como de costumbre, me abrazó y me dio una paletilla. Mi madrastra se enojó con él, puesto que ya íbamos a comer, pero él, con un beso, la acostumbró a la idea de que quería consentirme. Creo que trataba de compensar su dolor de haber perdido a mi madre conmigo.

Roxana siempre me tuvo un poco de envidia, ya que siempre que quería algo, mi padre ya lo había comprado para mí, o si no saldría a buscarlo. Fue sumamente consentidor, pero Roxana, en lugar de comprender el porqué de su actitud, se desquitaba conmigo y de vez en cuando me gritaba.

Una noche, cuando mi padre salió de viaje de negocios, mi madrastra y yo nos quedamos en casa. Lo recuerdo bien. Era sábado, la noche caía y mientras él día dormía y el ocaso enrojecía la enarbolada calle de nuestra colonia, nosotras caminábamos rumbo a un pequeño parque que se encontraba muy cerca de la casa: las bancas tenían distintas tonalidades y los perros jugaban en las fuentes y saltaban de adentro para fuera, salían empapados y se sacudían frente a nosotros como si nada; nos empapaban de alegría, brincaban y parecían aún más felices que yo, y que quizás mi madrastra; ella platicaba con unas señoras que por casualidades del destino eran mamás de mis amigas, era extraño ver como se devoraban unas a otras con las miradas y se sonreían tan agradablemente que hasta creerías que sí eran amigas.

Dieron las ocho de la noche, las farolas se habían encendido ya y los perros también ya se habían ido; mis amigas y yo corríamos tras pelotas, tras mariposas y tras un par de sueños y los deseos de ser tal vez una princesa o un astronauta. Cuando tienes seis años los niños quieren ser bomberos y las niñas queremos ser...

—¡*Claudia, Claudia!*
Gritaba mi madrastra para avisarme que ya teníamos que irnos. Pero yo siempre hacía lo mismo: me perdía por diez o quince minutos para que se enojara, y después, como si nada pasara, apareciera y nos fuéramos. Era bastante divertido ver

su cara de ansiedad y de preocupación, pero yo sabía por qué le preocupaba, no era por mí, sino por lo que quizás diría mi padre si llegaba y no me encontraba. Me gustaba jugar con ella, y con suerte. Una tarde como cualquier otra regresaba de la escuela, eran las dos y media de la tarde, el sol calentaba la piel como si estuviese en un horno, y aun la boca seca marcaba los labios como pleno desierto, la falda que el uniforme y las normas establecidas por mi escuela marcaban era más que fea, ridícula; falda y chaleco azul marino, calcetas blancas, pero tenían que estar hasta arriba, porque se veía mal, o eso decían, un listón en el cabello y en el pecho un escudo bordado de mi gran institución. Tremendo absurdo para tan absurdo pensamiento mío, tenía quince años y *Alberto*, mi novio, iría por mí a la escuela, pero jamás me percataría de lo que eso cambiaría mi vida. Lo vi tantas veces, lo besé tantas veces, la amé tantas veces, *lo amé tantas veces,* que sin duda no podía dejar de pensar en él en ningún momento del día. Ahora ya tenía con él más de tres años. Mi vida y mi mundo giraban en torno a él. Decía ser poeta, pero no escribía bien, solo improvisaba algunas líneas en los cafés y las charlas. Me amó en silencio mucho tiempo, guardaba su amor tras el amor de otro, tras los regalos, tras los besos de otro.

Recuerdo una vez, cuando cumplíamos seis años y medio de novios, casi cumplía ya veintidós años, porque nunca llegamos a casarnos, que nuestra relación se tornaba un poco monótona, y era obvio, nos veíamos tan seguido, íbamos en la misma universidad, nuestros padres se conocían y no les molestaba la idea de que fuésemos novios... No había nada malo en nosotros; sin embargo, nosotros, los de entonces, ya no éramos los mismos. Una tarde, 14 de abril, estaba estudiando física con *Alberto*, y llegó a mi puerta un sobre blanco, con un papel que decía:

Conozco de ti más de lo que tu conoces de mí, esta mañana hiciste de tu voz el más simple intento por detener el viejo reloj que lleva mi sórdida imaginación al contemplarte.

E.

Me pareció un intento de poema de lo más cursi y vano, pero no dejó de halagarme. Por supuesto, *Alberto* preguntó qué era eso que había llegado, pero le dije que era un recado de una amiga de mi mamá; él se conformó con respuesta tan estúpida, y seguimos estudiando por unas horas más. Yo estaba, a decir verdad, un tanto contrariada, ya que no sabía qué estaba pasando y que sin duda ese anónimo me estaba volviendo loca, porque todos los hombres que conocía no tenían esa letra. La duda es algo que no soporto, pero ya no tenía modo de averiguar quién era ese hombre de los anónimos, llegando al extremo de decir que no pensaba más en *Alberto*, solo en ese hombre que en un pedazo de papel firmó con una "E.". Pasaron dos semanas y yo no sabía nada de él. Hasta que un día llegaba yo de la universidad, tenía muchísima hambre, buscaba algo en el refrigerador y tocaron la puerta; bajé las escaleras que me llevaban a la puerta principal, giré la perilla con suavidad, no pensaba en nada extraño, y mucho menos pregunté quién era, simplemente no sé qué impulso me hizo abrir, y cuando abrí, vi a Alberto, con un sobre blanco en la mano.

Su rostro desfigurado y mal encarado me decía tantas cosas que no dije nada; le arrebaté de la mano el sobre, lo rompí contra mi voluntad, para que supiera que no me importaba, aunque no fuese cierto; lo abracé y le dije que a quien quería era a él, él, por supuesto, me creyó. Lo hice pasar, lo invité a comer y cuando entré a la cocina le dije a mi sirvienta que recogiera todos lo papelitos que estaban en la puerta, que buscara todos hasta que los encontrara y trajera ese sobre completo. *Alberto* se fue a las siete de la tarde, aún no oscurecía, corrí con mi sirvienta y le pedí la carta, me la dio. Decía:

Amo tus pensamientos, amo todo
aquello que encierra mi recuerdo y que eres tú,
amo todo aquello que acaricia tu presencia,
la atmósfera creada por el perfume de tu cuerpo,

porque cuando el cielo necesite tu presencia,
el cielo, cuando con procacidad lo mires,
hará de tu yugo mi libertad escondida,
y por todas las que han visto la luz
que tu verías en el quicio de tu muerte,

y por todos aquellos que dieron la vida por
un segundo de ellas, las que ahora nos observan,
por ti que el cielo, mujer de plata, mujer de visajes divinos,
cuando mueras, el cielo, tendrá también olor a mujer.

E.

No sabía qué decir, el poema era hermoso, me llevaba al cielo y ahí me dejaba, me veía como la utópica imagen de la mujer abstracta, me veía como una mujer perfecta a sus ojos, me hacía sentir como *Alberto* no había logrado hace mucho tiempo. Me encantaba, me gustaba y podría jurar que hasta lo quería sin antes conocerlo; me encantaban sus palabras, y me imaginaba con voz profunda que me las decía y enmascaraba mis oídos con espesa sustancia: la miel de las palabras que acarician los oídos y el pensamiento. Me volvía loca la idea de conocerlo, pero ya habían pasado semanas. Me despertaba temprano, sabía que ese día correspondía la siguiente carta, y no me preocupaba porque *Alberto* estaba de viaje y no regresaría sino hasta dentro de tres días. Salí a la calle y me percaté si había una carta nueva, pero no estaba; decidí desayunar e irme a la universidad. Regresando creí que ahí estaría y, efectivamente, antes de abrir la puerta ahí estaba, la carta, la tercera, ya sabía a qué hora llegaba yo.

Es mi ira tan inspiradora que a veces no puedo hablar,
Y el silencio se roba mis palabras,

No me preguntes por qué,
No me preguntes cómo,
No me preguntes nada,

Solo entiende mis palabras que no escuchas,
Que jamás oirás, más que por aquel enfado mío,
Porque son escasas mis formas de creer que no te creo,

De saber que no puedo quererte como te quiero,

Por favor, no me preguntes por qué,
No me preguntes cómo, es mejor, no me preguntes nada.

E.

Me abandonaba y no decía por qué. Ya lo quería, me encantaba todo, su pensar, su sentir, esa forma de quererme y no quererme. Lloré como si nunca hubiera llorado. Lo estaba sufriendo. Lo estaba llorando y no sabía por qué, no le podía preguntar nada. Me había enamorado de nuevo, y no sabía de él más que sus letras. Lo odiaba por acercarse a mi vida, lo odiaba por alejarse de mi vida. Alberto, por desgracia, ya no existía. Dos días después, mi depresión era inmensa, pero, inexplicablemente, a los tres días, justo cuando llegaba Alberto, yo regresaba de la Universidad, y vi de pronto una carta, tenía el mismo formato que las anteriores; me abalancé sobre ella y la abrí justo en la puerta verde de mi casa; desesperadamente, la leí:

No sé cómo decirte que lo siento, hoy no pensaba escribir estas líneas, pero ahora no sé cómo borrar la que antes he escrito; quiero verte, porque con solo verte a distancia en mis sueños no me basta, me es suficiente para pedirte que nos veamos, que platiquemos, que nos miremos y confesemos así este sentir nuestro que ahora nos invade.

Nos vemos en el café Las Andanzas, a las cinco de la tarde, no me hagas pensar que esta utopía es creada solo por la imaginación mía.

E.

Mi respuesta fue más que clara: iría a esa cita, conocería a este hombre que se había adueñado de este sentimiento que antes fue de *Alberto*. Ni siquiera recordaba que Alberto había regresado ya, mucho menos esperaba que llegara. Eran las ocho de la noche y aún me consternaba la idea de que al siguiente día conocería a este sujeto. Cuando bajé a la cocina por un vaso de agua me percaté de que ahí estaba, platicando con mi madre, *Alberto;* traía en la mano izquierda unas gladiolas hermosas, brillaban como si hubiesen acabado de ser cortadas en plena estación, pero solo me gustaba la presencia del aroma absurdo que desprendían de sí, pero quien las traía me comprometía, me asfixiaba su presencia, me enloquecía saber que él ya no era el mismo hombre, ya no tenía la imagen de seguridad que antes me hacía sentir. Me revolcaba en la imagen de aquel poeta sin nombre, que, con palabras tras la pluma desgastada, me conocía, me absorbía el incesante color de su piel que aún no conocía. Me trastornaba saber que ya no amaba a *Alberto*, que mis besos y caricias ya pertenecían a otra historia nueva, a otra imagen que no era la suya; ya no imaginaba sus brazos envolviendo mi estructura y pensamiento, ya no, por desgracia o por fortuna. No sé con qué pretexto lo tendría que dejar.

Me miraba fijamente con sus tiernos ojos desgastados por el desvelo, me daba vergüenza saber con qué motivo habría yo de dejarlo ir, pero no me tenté el corazón. Le pedí sentarse en el sillón grande, el que a espaldas de un gran espejo me miraba: reflejaba en esa estructura mía todo el descaro del amor nuevo, que no era él, que quizás nunca fue él.

—*¿No me vas a preguntar cómo me fue en el viaje?* —preguntó como si no supiera de mis intenciones de dejarlo, como si desconociera mi rostro de tristeza y decepción.

—*Perdón, pero no sé cómo decirte lo que tengo que decir.*

Como balde de agua fría desconcerté su mirada y su alegría la transformaba en un lúgubre espacio entre los dos, entre la nada de un adiós.

—*Pero ¿a qué te refieres?* —ya preocupado preguntó por no saber qué pasaba por mi mente, por mi corazón.

Él creo que nunca lo supo. ¿Cómo pude haber olvidado tanto amor sentido en un segundo en el momento en que un sobre de papel llenó mi vida y el espacio que ya no ocupa Alberto?

—*¡Sí, quiero decirte que ya no te amo, que lo que hubo entre los dos ya no existe, y que esto no tiene remedio ya!*

Por primera vez, pude observar en ese hombre que tanto amé solo era un tonto que no me sabía amar, como un loco desesperado por la cama, y no por lo que detrás de ella hay. Me dolió saber que lo lastimaba, que lo hería profundamente, pero me extrañó que no me dijera nada, un "por qué" quizás hubiese bastado, quizás me hubiese arrepentido, quizás... quizás.

Se fue pocos momentos después de que le dije. No era lo que quería, era lo que necesitaba. Finalmente vería a ese desconocido, no me importaba como fuera, como se viera, como me amara, simplemente que me amara. Me dolía quizás un poco ese orgullo mío, porque Alberto no puso objeción alguna, pero no me molestaba del todo, yo tenía un motivo por el cual sonreír.

Son cuarto para las cinco, estaba sentada en la mesa de hasta atrás, una vela al centro y un capuchino me miraban a los ojos mientras esperaba la hora en que ese hombre hiciera su aparición; estaba confiada en que él me conocía físicamente, ya que mandaba sus cartas y poemas como si me conociera. Dieron las cinco y media, él no llegaba y yo estaba al borde de la desesperación. Hasta que, en la puerta, vi la silueta de un hombre que creía conocer. Me asomé, y no podía creer lo que estaba viendo; era él, ese hombre, el que una vez había robado mi corazón, era Alberto, una flor acompañaba su mano izquierda, una gladiola, lo miré y me di cuenta de que no existía lugar en el que yo pudiese esconderme, era Alberto, mi antiguo amor.

Se sentó en mi mesa y, sin decir una palabra, me entregó un sobre de papel blanco, del mismo tamaño del que mi enamorado me enviaba; yo me preguntaba cómo habría de conseguir uno de los anónimos que este hombre, que quizás no tardaría en llegar, me había enviado. Le pregunté:

—*¿Qué haces aquí? ¡Te dije que entre nosotros ya no podría haber nada, te lo dije, por qué no te vas, por qué no me dejas de molestar. Entiéndelo, por favor, entiéndelo!* —gritando desesperadamente le dije.
Pero él no dijo nada, solo me pidió que abriera ese sobre. Yo, con el afán de que se fuera, lo abrí, no lo podía creer...

Después de que *Alberto* se fue, yo también me fui a casa, me quedé en mi cuarto por dos días seguidos; salí y me di cuenta de que no tenía caso salir. De nuevo, me metí en mi cuarto, lo cerré con llave y puse uno de mis muebles en el quicio de la puerta. Me quedé dormida. Había quemado el sol de mi ventana, ponía tiras enteras de cinta para que cualquier rayo de sol se muriera con la opaca textura y color de la cinta. Pasé ahí días enteros sin poder dormir, no comía y mi madrastra me gritaba para que saliera (mi padre había muerto un año atrás), pero no respondía, solo daba algunas señales de vida en ocasiones para que mi madrastra no se preocupara. La cuarta semana mi cuerpo ya no respondía, mis músculos estaban tan débiles que apenas podía moverme. Me estaba muriendo de inanición, me hacía falta el aire. En mi intento por que la luz desapareciera de mi nuevo mundo, supe que había un pequeño rayito de luz que se asomaba entre dos tiras de cinta, era un pequeño punto amarillo por los días, y desaparecía por las noches, la luz que se asomaba en mi ventana iluminaba mi rostro como si fuese una pequeña lámpara.

Antes mi pasatiempo era mirar el segundero de mi reloj, pero hoy yo ya no tengo fuerzas ni ganas para voltear a verlo. Me costaba trabajo respirar. De pronto vi un punto amarillo en pared, justo arriba de mi hermoso reloj; lo miré fijamente, la piel se me erizaba tan profundamente que hasta sentí un pequeño escalofrío. No pude cerrar los ojos. No sabía que esa luz, ese pequeño punto amarillo en mi habitación, sería lo último que vería. Con un papel en la mano, a las seis de la tarde, me dormí, se agotó mi vida, no de cansancio, se agotó de mí, de todo, de nada.

Yo fui ese enamorado tuyo de los anónimos, yo fui aquel que te enamoró por segunda vez cuando creí que lo nuestro se estaba muriendo, pero yo me di cuenta, tú te enamoraste de otro que no soy yo, tú me amaste de nuevo sin saber que era yo; qué triste, esa persona a la que tú amas está en este papel, y tampoco, y tampoco ese soy yo...

E.

Y sí, así he perdido la vida por primera vez.

II

Son las ocho de la mañana, nací no en un lugar común, Múnich, 1910, mi padre acababa de regresar de la Primera Guerra Mundial, se había enlistado a las fuerzas armadas de su país por ser rechazado en su intento de ingresar a la Academia de Bellas Artes de Viena por falta de talento. Yo sé que mis padres no harían evidente mi nacimiento; a decir verdad, nadie supo de mí más que escasas personas, si es que así pudiesen ser llamadas. El aire que se respiraba era tétrico y escalofriante. Las máquinas, a todo vapor, erguíanse mostrando su poder y velocidad; mi padre, Gerard, se encaminaba a realizar una de las hazañas más grandes y funestas de la historia; mi padre, compañero y amigo de aquella persona que creaba el terror en las multitudes, creaba en ellas también el respeto y el temor. Todo eso inspiraba el rostro de las gentes que con este símbolo en el brazo los representaba: rojo y negro en una cinta, la decoración de sus brazos dando un carácter soberbio y austero de una nación cambiante y transformista.

Él solo me vio hasta los tres años. Mi padre era un hombre de decisión, tomaba las cosas que quería tomar, sin importar lo que sucediera. Fue metido a prisión tres años después de mi nacimiento por ser quizás uno de los iniciadores de un golpe de Estado en Alemania; cuando salió pasaron diez años para que él fuera a buscarme. Siempre fui un niño con falta de afecto. Las personas regularmente me odiaban, por mi raza pura, por mi nacionalidad, por ser como soy. La voluntad de mis piernas me sostuvo durante varios años, me castigaban la indiferencia de la gente, los maltratos, los desplantes ofensivos y déspotas. Me encolerizaba saber que quien era no era yo, y yo no existía más. La nostalgia invadía mi conciencia, y abarcaba cada estructura creada por mi pensamiento. Las mañanas eran más grises que el uniforme que ahora portaba mi nueva tropa. Se cansaba mi manera de ser y se corrompía el silencio con mi silencio. Mi voz, que se escuchaba, decía tantas cosas que acababa no diciendo nada. Y sin pensar, la nada consumió mi toda y pura existencia, existencia abstracta a los ojos de mi sinrazón y mi pensamiento.

Fui una persona deprimida hasta los huesos, un fatalista que pretendía estar bien ante los demás, pero por dentro me enmendaba un cierto escalofrío que envenenaba mis venas de odio aberrante y obsesivo: fue como vivir en un árido páramo al que solo le podemos llamar como mi último asidero o la última canción antes de mi muerte. Tenía solo trece años. Mi padre, con un rostro distinto, me encontró. Mi madre trató de huir de él puesto que la causa de su aprisionamiento solo traería problemas, pero después fue inútil. La SS, que estaba a órdenes de mi padre, nos encontró después de mucho tiempo: llegó y a sangre fría, como si yo no estuviese ahí, la mataron con un disparo en la sien. Calló inmediatamente. Estábamos en la sala de la casa, los cuadros parisinos adornaban la textura de las líneas que acariciaban los muros de la pequeña casa en la que vivíamos, un par de sillones cafés y un pequeño radio para escuchar las noticias. Tomó su arma de su estuche de piel pegado al cinturón de lado derecho; sin pensar empuñó su arma y con tal seguridad, quitándole el seguro, cortó cartucho y él, con sus propias manos, el cañón miraba con ese orificio la sien de mi madre que no flaqueaba, y sin temor me mantenía tras de ella. Él, sin ningún remordimiento, tiró del gatillo y mi madre cayó al suelo como si de un altar se cayera una bola de cristal. Se rompió en mil pedazos, y con ella toda la escasa alegría que ella intentó darme durante los primeros días de mi vida. Mi padre me lleva con él. ¿A dónde? No sé. Me encaminaba devastado por la muerte de mi madre, y mi padre aún no se explicaba cómo había yo superado este suceso que a cualquiera ataría a un manicomio. Acompañaba a mi padre a sus juntas y reuniones, iba a donde él iba, aprendía todo lo que observaba y él me decía:

—*Escucha bien todo lo que dicen, todo lo que hacen, respira el mismo aire que ellos, aprende todo esto, porque así serás tú cuando llegues a mi edad.*

Los días pasaban como gotas en una regadera, eran veloces y marcaban mi personalidad, la manera en como mi gente –porque ahora creía fielmente en esa gente– me envolvía y gastaba toda bondad existente. Muchos hubiesen acabado muertos, pero yo no, yo soy más fuerte que eso, hace falta mucho más para destruirme, para aniquilar todo lo que soy.

Soy un tipo alto, mi piel, obviamente, es blanca y mi cabello es del color del verano; mis ojos, como un par de lagunas y mi voz grave y ausente como mi madre; si casi no hablo, me mantengo callado; más que por no tener nada que decir es porque quizás haga demasiado daño con la voz. Creo me mantendrían callado si hubiese alguien que necesitara escuchar mis palabras. No entiendo por qué llegó, no entiendo quién dijo que tendría ella que aparecer. La Segunda Guerra Mundial había terminado, los uniformes se habían quemado ya, los campos de concentración, de los que yo fui testigo, maldecían la muerte, pero ya no existían, mi país era una extensión del infierno de Dante, los muertos y heridos podían contarse más que nosotros mismos. No éramos tantos, los muertos caminaban como tortuosos vivos. Un día, recuerdo, eran las diez de la mañana, los pasillos creados por las grandes extensiones de tierra se hacían cada vez más prolongados, había menos prisioneros cada vez, y los militares ya veíamos cerca nuestra derrota, había que hacer asesinatos masivos, había que destruirlos a todos, a todos:

Los muertos del silencio caminan despacio,
Callados los lamentos, la angustia,
Sabiendo que el azufre en sus pulmones
Tiene vida, carcome cada vena,
Se alimenta el terror de la sangre marchita,
Del pecado escondido en la angustia,
Las lágrimas sangrientas, doloridas,
Se rompen con los huesos calcinados por el fuego,
Las espadas atraviesan corazones,
Latidos y respiraciones, la vida se extingue,
Se muere, se duerme en el tiempo sin tiempo,
Es un dolor enfermo, un dolor inacabable,
Nunca cerca estarás de perder la conciencia,
Es inevitable estar despierto, hay que seguir este tormento.

Nunca había escuchado lamento tan horrendo como el que leí en una nota encontrada junto a la puerta de Auschwitz, justo antes de que fuese quemada toda evidencia de nuestros asesinatos. Mi padre murió muy cerca de ahí, un paro al corazón fue más que suficiente; aunque aún no me explico la causa de su muerte, él no tenía corazón, de eso él no podía morir, siempre fue rudo conmigo, no recuerdo una caricia, un abrazo, una palabra siquiera que me hiciera recordar su rostro. Pero eso no importa, ahora me preocupa otra cosa, no, no es mi conciencia, son quizás mis ganas de verla, de saber que es mía y de nadie más. Si la conocieran, es hermosa, sus piernas son aquellos robles inefables y corrompidos por la osadía de mis ojos; sus manos son aquellas extensiones del alma suya: habla con las manos, y su voz son sus miradas atrevidas y coquetas. Su sonrisa... Qué decir, cautiva la mañana en la que despierto, y seduce a mi almohada en la que descansan mis pensamientos por las noches, el mirarla es el espectáculo del hombre que no ha encontrado ningún lugar y espacio; ella y su timidez envuelven en una enmascarada nostalgia su ausencia. Todavía no sé cómo describir su presencia, mucho menos he de saber lo que es tocar la textura incitante de su cuerpo desnudo, de su mano cansada por el ajetreo humano, de su vida mía y de mi vida suya. Es que ella me pertenece; si para tenerla hace falta pensar en ella, ella es mía; si para que lo sea, hace falta que en mi noche esté dormida, junto a mí, cerca, donde siento su respiración en la mía, y aun, a pesar de todo esto, por este sentir que invade el pensamiento, irremediablemente, la cama mía, esperándola como la estación de un tren deshabitado... La espero, con el lugar escondido y discreto, y el vacío que crea su ausencia, en el lado izquierdo de mi cama, donde está la lámpara, y donde está también un pedazo de mi alma.

--

«¡Me estoy volviendo loco!». Las ganas de morir han vuelto a erizar mi piel, mis ganas de estar vivo son tan escasas como mis ganas de seguir respirando. La sangre mía hierve como si en caldero habitase toda la sustancia que corre por mis venas y me calienta. No resisto más este sudor frío que hace tiritar mis dientes, me mantiene con los ojos cerrados. Me estoy muriendo, tendido en la cama en la que estuve despierto toda la mañana. «¡Me estoy volviendo loco!». Pero a mis gritos nadie los escucha, son estos los lamentos del silencio que nadie escucha, que nadie recuerda, que nadie olvida de impaciencia. Me corroe el odio de mis vidas vividas, de mis muertes anunciadas y mis tumbas escondidas. «¡No soporto este dolor que me atormenta!». No hay nadie a quien compartirlo, ni a quien regalárselo en una caja gris y un pequeño moño a su costado, «¡Me estoy muriendo en vida!». Mi vida se extingue, pero mis pulmones y corazón siguen latiendo como la máquina de vapor que no descansa, que continúa, que no termina nunca su labor, su trabajo; mi espasmo es más grande y eterno que todas mis vidas juntas, que todas mis muertes, que todas mis tumbas que un día vi lustrosas y que otro las vi oscuras. «¡Me muero, pero sigo con vida queriendo estar muerto!». Pero, aun contra mi voluntad, mi pecho con movimientos llenos de vértigo, los que se encuentran entre respiración y transpiración, me dice que mi cuerpo quiere seguir viviendo.

Ya no sé por qué mis vidas, que ahora también son tuyas, han sido corrompidas por mi soledad que solitaria estaba, pero así le gustaba estar, se dormía conmigo, y se despertaba sin mí. Ya me cansé de hablar, mi voz está cansada, y mi respiración se torna lenta, se tranquiliza, se duerme de angustia, parece que ya estoy más sereno, menos loco que hace unos instantes, creo poder seguir ahora con mi historia:

--

La amaba con ese calor desbordante, ese que habita solo en el corazón de un enamorado que ama en silencio, que se calla y que sus palabras sin ser pronunciadas son tan interpretables como la caricia de mis ojos a su existencia abstracta en la mía habitación. Todos los días la veía pasar frente a mi casa, llevaba en sus manos guardada la hogaza de pan que comerían ella y su familia el día en turno. Ella nunca tuvo nada, su padre con escasos trabajos lograba salir adelante. Ella tenía dos hermanos, aunque ella era la mayor, Adolf, el más grande de los dos, y *Armand*, el más pequeño. Su familia, aunque hermosa, tenía muchos problemas, redundaba entre tantas cosas su estabilidad que en ocasiones Jovana pensaba que morirían de tristeza al ver a su familia derrumbada y destruida por las secuelas de la Segunda Guerra Mundial, que estaba en su agonía y funeral. Adolf, una mañana, al estar buscando un empleo, consiguió la más brillante de las ideas: encontró en un basurero la envoltura de un pastel con sobrantes en su interior, al probarlo se dio cuenta de que era perfecto; sin embargo, al preguntar en varias ocasiones, en distintos lugares, que quién vendía ese pastel, solo un lugar lo vendía y estaba muy escondido. Él buscó a la gente que hacía este pastel, pidió una entrevista con el dueño y, al encontrarse, le dijo lo siguiente:

—*¡Buenos días, sr. Jirvain!, soy Adolf Hastenkov, y vengo aquí a venderle la mejor manera de vender sus pasteles.*

Después de su entrevista *Adolf* comenzó a vender y distribuir los pasteles del señor Jirvain, ahora son los más vendidos de todo Europa, y *Adolf* logró arrancar la preocupación de Jovana. Ella, a pesar de que su posición económica era más equilibrada, seguía yendo por la hogaza de pan a la misma hora, y ahí, en el marco de mi ventana, estaba yo, observándola y viéndola pasar como si fuese la única actividad en mi día, y tenía esto tanto sentido, porque el mayor de los empleos realizados por mí ya estaba terminado. La guerra me había dejado ganancias que nadie pudiese imaginar. Tantos muertos, tantos crímenes no bastaron para borrar todos los millones de marcos alemanes que se quedaron en mis bolsillos. Pasaron varias semanas para que Jovana notara que yo la observaba. Ella un día me miró fijamente, notó mi insistencia por romper el silencio existente entre nuestras miradas, entre los labios nuestros que jamás se habían tocado, pero que ya conocían su beso; nos devoraban las ansias por tocarnos y llevarnos a la cama cada sentimiento escondido entre cada parpadeo nuestro al mirarnos.

Una tarde de abril decidí salir de mi casa y esperarla a que pasase, a que inundara las calles empedradas de su aroma, del color de su presencia. Pasó la hora en que ella pasaría por el lugar. Terminaba la tarde angustiosa. Me cansaba de esperar y me metía a la casa. Prendí la lámpara que estaba a mi lado izquierdo de la cama, mientras estaba encendida se parecía a Jovana, iluminaba mi noche y cada ínfimo rincón en mi habitación; pero sin la tez blanca en su piel mi cuarto parecía también un árido páramo al que como último asidero guardo y recuerdo. Me moría por verla, y aunque cerrar los ojos bastaba, necesitaba sentir esa presencia que abarcaba todo mi mundo y, ¿por qué no?, mi vida también.

Han pasado más de dos días. Ella no se aparece más que en mis sueños mejores. La constancia de mi aferrado corazón la esperaba, la ansiaba aún más que muchos de los momentos en mi vida.

La brisa veraniega tocaba mis mejillas y refrescaba el calor asfixiante que sumergida a la ciudad tenía. Contemplaba la calle, que en ese instante habría de ser lo que me tiene atado a esta silla de madera labrada, en el límite de mi ventana; de pronto estaba ahí, recargada en una banca frente a mi casa, me miraba fijamente, sentía que su mirada estaba fijada en la mía; me sorprendía, tenía miedo, pero me gustaba, y ahí estaba yo, levantándome de mi silla de madera labrada para verla. Ella me pedía acercarme, y no me decía nada. Salí corriendo, abrí la puerta y como una estatua de sal y arena estaba plasmada su imagen perfecta frente a mí. Me robaba el último aliento, necesitaba de su presencia más que mis próximos cinco minutos de respiración. Me mantenía atado a la esperanza de besar sus labios. Nos miramos, nos distaban quizás cinco metros, a cinco metros estaba yo de tomarla y quedarme con ella, esa distancia entre nosotros era tan pequeña que la hacía ver tan distante. No sabía cuál sería el primer sonido que de su boca emergiera, y ansioso estaba por escucharlo, pero no decía nada, las palabras sobraban, no necesitaba más para comprender. Sus ojos se cerraron mientras mis pies hacían más corta la distancia. Me acercaba lentamente, podía escuchar cada paso que yo daba, muchos de ellos titubeantes y nerviosos; otros, decididos; otros, temerosos, pero la distancia se hacía menos. Me acerqué tanto que hasta podía escuchar su respiración. Mantenía los ojos cerrados. Sabía que era yo el que frente a ella estaba, su olor era asfixiante, no existía flor alguna que semejara el aroma de su presencia, quizás ella pudiese huir y recordaría ese aroma aun en la muerte misma. Me arrancaba el beso de nuestros labios, la textura de su boca en mi respiración. Me devoraba su beso, era mío. ¡No! Era nuestro. El momento hacía el espectáculo que crea a la tierra. Menguaban los sonidos, la gente desaparecía y ella, mientras me besaba y cerraba los ojos, me volvía sordo a los sonidos de la gente, de los carros y de la multitud, que acosaban nuestro mundo perfecto.

Después de eso confesamos ese amor nuestro que cargábamos desde hacía tiempo. Fuimos novios durante varios años y, a pesar de haber tantos obstáculos, logramos casarnos y así jurarnos la unión eterna de nuestro sentimiento.

Pasaron los años y nosotros ya no éramos los mismos, el amor que profesábamos se había extinguido poco a poco. Las miradas nuestras ya no reflejaban la eterna pasión que sentíamos en la profundidad de nuestras primeras sábanas. Richard y Johan eran nuestros hijos, habían crecido con la fuerza mía, la entereza de un hombre de batalla. *Jovana* siempre estuvo molesta por el estricto modo de ser mío para con ellos, no los maltrataba con golpes, bueno, quizás en un par de ocasiones, pero nunca fue la intención mía el golpearlos. En ocasiones *Jovana* y yo teníamos conflictos graves, en ocasiones también llegábamos a los golpes, y aunque creía que yo la amaba aún, ella pensaba que yo ya no sentía lo mismo que un día sintió. Fue por eso por lo que la golpeé. Me dolía la situación mía, se estaba agotando cada palabra, cada momento que ella y yo construimos. Creo fielmente en el amor a perpetuidad, el amor inacabable, el amor perfecto... El amor también se muere de impaciencia y, aunque mi fidelidad siempre se basó en mi creatividad, creo fielmente que el asesino de este nuestro amor fuimos nosotros mismos, nosotros con las pequeñeces que redundan el hogar, si es que se le puede llamar así al nuestro. Se hacen de nuevo las palabras, el amor se hace cada día, el amor se hace cada día, porque las sábanas nos hacen ser y dejar de ser, ser más o menos de lo que somos. Nos dejamos la intensidad. La pasión que antes desbordaba por cada orificio de nuestra casa se extingue con la avidez con la que fuego calcina un bosque entero. Mi alma derrotada se partía en un millón pedazos, las ganas de vivir donde vivía eran ínfimas y trashumantes. Se acaba nuestro amor, y si antes las tardes las ocupábamos para saborear de nuestra presencia, para entonces ya agotábamos el tiempo con caricias falsas, con simulacros de pasión, con miserias de amor calcinado por la costumbre. Me estoy muriendo de amor perdido. Estoy ante la agonía que siente este sentimiento que se muere poco a poco, y en un instante, la hoguera que nosotros construimos se murió de muerte natural a ojos de todos y de nadie, y hoy al parecer tendré que conformarme con esa presencia que no me hace falta, y que tampoco ella me necesita; es esa la realidad mía, es esa la culpa que tendré que pagar por olvidar los detalles que un día existieron y que hoy se han ido en el funeral de nuestro amor.

Vivíamos una triste y desolada casa. No estábamos solos, pero vivíamos solos. La soledad existente, entre el espacio que dividía nuestros cuerpos en la cama en la que dormíamos, era inmensa, era tan grande esa distancia, había quizás una muralla más grande que la China. No, no creo, porque esa puede ser cruzada. Sí, quizás la de Berlín. Nuestras fronteras las dividía algo mucho más grande que una fuerte valla de acero y concreto. Johan, mi hijo, ya notaba las diferencias existentes entre este amor nuestro que ya no era de nadie. Recuerdo bien, eran las ocho de la mañana, Johan tenía que ir a la escuela y yo tenía que llevarlo, pero cuando desperté, él aún seguía dormido, parecía un ángel, pero eso no importó. Recordé la filosofía de mi padre, él ya tendría que haber estado despierto. Lo levanté con fuerza, le grité y le dije que era un holgazán, que se levantara, tenía que llegar a tiempo a clases, pero él no respondió, él se queda callado como si aún estuviese dormido, lo seguía moviendo, pero él no despertaba; después del tercer grito el niño no hizo movimiento alguno, pensé que estaba haciéndose el dormido, pero al darme cuenta de que su pecho no se movía me preocupé, lo volteé boca arriba y no dije nada, estaba atónito y mi hijo aún no decía nada; me pasaban por la mente mil ideas mientras pasaban los segundos. Johan parecía muerto, esa noche había llegado yo muy tarde a casa y al pasar a ver a mi hijo, pues Richard habíase quedado a dormir con un amigo, profundamente dormido estaba. No quería pensarlo, pero era demasiado tarde, mi mente solo buscaba culpables... estaba muerto.

—*¡Jovana, Jovana!* —El silencio robó mis palabras y no decía nada en la inmensa habitación de Johan muerto—. *¡Jovana, Jovana!* —Tenía miedo de pronunciar otro nombre, gritaba con alaridos escalofriantes, tan sensitivos y desgarradores como la muerte misma; perdía a mi hijo y ella no aparecía—. *¡Jovana, Jovana, Jovana, Jovana!* —No respondía. Mis gritos, cada vez más desesperados. Pero yo, intacto, no quería soltar la mano de mi hijo que estaba helada del frío que visita al cuerpo de los muertos—. *¿Por qué no me escucha nadie?, ¿por qué nadie me escucha?* —Decía llorando desesperado y arrodillado ante mi hijo—. *¡Jovana, mi amor, ven, ven!* —Las lágrimas en mis ojos desbordaban cual aguacero en pleno invierno—. *¡Ven!* — Salió de mi boca un grito desesperado, el dolor me invadía y yo me estaba muriendo también—. *¡Jovana, Jovana!* —Estaba viviendo la peor de mis muertes, la que no se vive, la que no se sufre, la mía, que no es mía, mi otra muerte.

Meses después me separé de Jovana, me quedé con mi hijo *Richard* en una cabaña, muy cerca de un pueblecillo al sur de

Francia. Jovana mató a mi Johan a las nueve de la noche con un golpe en la cabeza. Ella no se dio cuenta, lo aventó cuando él le preguntaba por qué ya no nos amábamos. Ella también creyó que estaba dormido. Pasó el resto de su vida en una cárcel. Richard se casó años después y yo morí solo en aquella cabaña francesa con la fogata encendida a las diez de la noche. Mientras me fumaba un cigarrillo me quedé dormido, pero jamás volví a despertar. En vida viví así la segunda de mis muertes.

III

Segundo lunes por la tarde, saco mis lienzos nuevos, llenos de brillantez por su textura blanda, blanca y casi transparente, mágica luna de pincel que avanza, que se mueve despacio. Te miro una vez más, otra pincelada; un nuevo color, ¡sí! No te muevas, quédate ahí, quietecita.

Sus pupilas bailaron en mi lienzo. ¡Qué manera de hacer mi arte un poema sin palabras! Porque soy un hombre de arte, que lo que ve es: es ella un pedacito de cielo que camina con pies chiquitos, solo basta mirar esos ojos, esas manos tersas que acarician el aire y desgarran mi imaginación. «¡Que irónico, llevo más de veinte años viéndola pasar y nunca me he atrevido más que a pintarla, a hacerla mía en un lienzo de óleos y banalidades, de azucenas y ramos rojos!».

La he visto pasar por las noches y la pinto, la pinto cruzando la calle con una flor adornado su cabello. ¡No! Su cabello adornaba a esa flor, sus manos inquietas jugaban a la guerra con sus dedos luchando uno contra otro. Aparecía de nuevo por las tardes, caminaba modosita con un sombrero de palma, como si fuese a una gran cita, o un evento especial, tenía celos hasta del piso lleno de hoyos de carreta y… ¡de sus zapatos!, moría porque acariciaban sus pies. Pero mi amor estaba construido solo para verla pasar, para admirarla con distintos atuendos, con zapatos de andar o de fiesta, con ropa muy formal y elegante, hasta ese pequeño vestido de florecillas con el que siempre salía contenta a alimentar a las palomas del parque.

Recuerdo bien la primera vez que la pinté, estaba yo sentado en la banca donde se esperan los trenes, de pronto un motor fuerte de vapor saliente y gastado arribó a aquella estación, yo me dirigía a Ámsterdam, me marchaba lejos, muy lejos donde nadie pudiese verme, donde la naturaleza me tocara y yo fuera parte de ella. Era en ese tren, el mismo que llegaba, en el que yo me iría, pero de pronto una puerta se abrió y un hombre descendió, extendió su mano, se extendió hacia arriba; era el coordinador del primer vagón, le daba la mano a...

Quedé perplejo. Mi viaje a Ámsterdam se suspendía. Llegaba la mujer que me ataba a este lugar. Sabrá Dios cuál será su nombre, pero el amor flechó mi corazón como ráfaga de espinas y lo atravesó por completo astillando mis ganas de huir, de abandonar mis lienzos y partir.

Estoy sentado en mi ventana, son las cinco de la tarde, siempre pasa más o menos a la misma hora. Ayer la pinté con un ramo de azucenas.

«¡Le encantan las azucenas!», pensé emocionado. Mi alma desgarraba una desesperante lucha contra el tiempo, porque ella era más joven, y mi voz ya se tornaba un poco cansada.

Dieron las siete de la noche. Ella aún no aparecía y mi desesperación ya estaba matando mis nervios y mi sicología, pero sucedió...

«¡¿Es ella?!», me pregunté entusiasmado, lleno de alegría. «¡¿Es ella?!». Ya desesperado, mi voz ahora fue un grito, pasó a ser casi una frase piadosa. «¡¿Es ella?!». Y mi voz desgarró el viento. Esta vez fueron mis palabras un llanto desperado.

Era ella, caminaba despacio, lentamente su sonrisa desdibujaba su felicidad, pero esta vez iba con un atuendo que jamás, en veinte años, le había visto, y eso mataba mi corazón marchito por el tiempo. Ella caminaba y mucha gente tras ella, haciendo bromas, llenas las calles de carcajadas, de madres preocupadas, de solteros ansiosos y no sé qué más cosas.

Las calles concurridas y vacuas llenas de ruido estaban, por eso mi grito desesperado nadie lo escuchó. Tomé mi lienzo, tracé un pequeño boceto a lápiz. Está muy bien. «¡Listo!». Empecé, tomé colores, uno, otro, otro más, mi pincel se movía veloz, rápidamente mis manos estaban haciendo de esta obra de arte un museo de sentimientos encontrados; mis manos ágiles, mi boca torpe y mi pensamiento rápido y sencillo, mi corazón late a tal velocidad que hasta puedo escucharlo.

«¡Ya!, ¡por favor, ya!» Mi voz se desgarraba, mi aliento más tórrido se desvanecía en un suspiro cansado, vacío; mi grito, desconsolado, desesperado.

«¡Ya!, ¡por favor, ya!» Y mi voz apenas alcanzaba lo más mínimo de sonidos, lo escaso de mi voz...

Nunca terminé el lienzo, faltaron unas pinceladas. Mi cuerpo inerte descansa sobre un óleo que dibujaba a *Helena* –pues ese era su nombre– con un vestido blanco, tan largo que besaba las calles a su paso; iba a su boda, pero eso un corazón enamorado no pudo soportar.

Muerto a las siete y media de la noche por un paro al corazón, fue encontrado el cuerpo de mi tercera muerte, quizás la más simple, pero tal vez la más dolorosa.

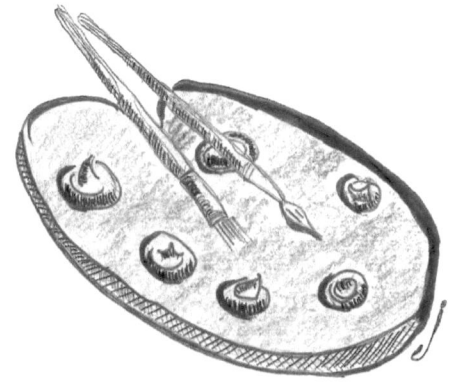

IV

1830, mi padre y yo hacíamos historia con el primer ferrocarril de pasajeros: Liverpool-Manchester. Yo solo tenía quince años y ayudaba a mi padre a manejar tan enorme instrumento. Se decía bien que el aire que se respiraba en la estación era como sentir en los pulmones la fuerza de mil hombres. El poder de la máquina sublimaba mi etéreo respirar lleno de juventud y esperanza.

Veíamos pasar infinidad de gente, una tras otra subía a los vagones y acomodábase en sus asientos: gente pomposa y de gran categoría, mujeres con sombrero y hombres muy bien vestidos. Los días transcurrían y mi tren era cada vez más concurrido. Era espectacular el sonido de motores movidos por el vapor de agua, que refrescaba el ambiente. Un día, mientras mi padre había ordenado poner más leña a la caldera del tren, un llanto en el último espacio existente de la rampa de los vagones; miré por el espejo y pude ver como una bella mujer se despedía amargamente de un hombre, ella lucía sumamente atractiva, una tez blanca perfecta, su mirada transparente como laguna debajo de una montaña, sus manos delicadas cual pétalo de alcatraz en plena primavera; la perfección de su llanto emblandecía mi corazón, hizo que mis manos temblaran mientras me convertía en el testigo mudo de ese amor de hombre robusto y galante que perdía su compostura al ver partir con ojos rotos de llanto y lágrimas escondidas. Fue estremecedor poder contemplar historia rota de amor.

--

Me quedé dormido. Mi cuarta historia comenzaba siendo un invento, mi cuarta vida la vivía mientras contaba mis muertes.

Hoy, a mis ochenta y cinco años, me muero, se me acaba el aire..., no respiro más.

No hay un beso en tu boca

(Crónica de un beso)

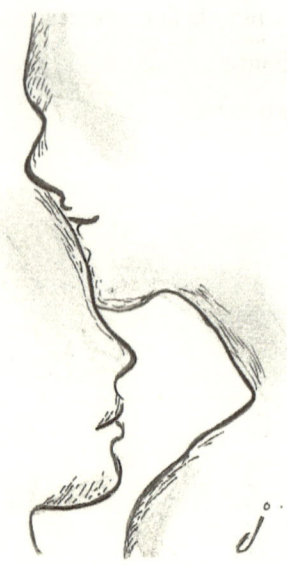

Todo comienza en una boca. El primer segundo de un beso comienza en la parte más sensible de los labios. Pero el beso no es solo un par de labios jugando a nada sin decir nada, sin pronunciar ni una sola palabra.

El beso también comienza en su aliento. Ningún beso puede escapar del dulce silbido que provoca el estallido suspicaz entre su aliento y el tuyo. Ningún beso se muere cuando dos bocas que se aman se dejan solas de beso, de la caricia constante entre la boca y la sangre.

La sangre es sin duda el principal de los personajes en nuestro beso. La sangre hace de nuestros cuerpos una sola mancha de tinta en el papel; es por eso que el beso es aquel verso que poeta nunca pudo versar, es la más sublime de las caricias en la mañana cuando amanece el día, pero ¿qué es un beso?, dice mi boca.

Comencemos hablando de ti, hablando de tu boca, del crepúsculo que nacía en tu risa aquella mañana: la luz iluminaba todo rostro, las calles vacuas pronunciaban tu nombre desconocido por aquel día de julio. Las palabras hicieron poca falta, sí, el mejor de los besos está donde existe la más larga y compleja de las palabras que jamás ha sido pronunciada.

Tus dientes llenos de cielo, tu mirada se emblandecía, tu loca boca fía; el aliento, a millones de metros, percibía mi sólido olfato; tus manos calladas como noche en medio de un estanque. La bruma estremecedora del ruido de la gente no era suficiente para no querer devorar tu boca en una sola mordida.

Tu mirada fija era el más bello de los pretextos para no enamorarte de ese beso que aún no te había robado. Las mañanas pasan lentamente frente a un espejo, porque allí miraba yo tus labios, tus labios entreabiertos, y un silbido quemante en mis pupilas, ansiosas de tenerte, no solo entre mis brazos, no solo acurrucada entre lágrimas de risa o de llanto. Quería no guardarte en mi cama, sino en mi almohada, tenerte en mi almohada en cada noche de sueño, en el instante en que rezaba por ti, para rozar mi mejilla con tu cuerpo.

Pero ahí no se acaba el sueño en el espejo, en el espejo tomaba mi navaja para rasurarte al despertar, para alejarte de mi rostro que falto estaba de tu caricia, de un mudo silencio creado por todo y nadie que nos rodeara, que no faltara ni tu sangre ni tus labios ni tu aliento. Que nuestro beso fuera el más complejo de todos, en el que se guardara desde el más sutil hasta el más profundo sentir habido de cuerpo tuyo y mío.

Anhelar el beso antes del beso hace que la caricia de labios sea como un himno a tu abecedario. Que me haga conocerte este beso. Que después de amarte en ese segundo sepa todo de ti. Que reconozca que tu abrazo no son solo las migajas de un cuerpo, sino la plenitud que habita en cada ser humano, y que hoy deseo de ti.

"Deseo de ti" –¡calla mi boca palabra!–. Calla mi nombre para que no te des cuenta de que he sido yo quien acaba de maldecir el beso, porque desear es el más urbano de los sentires habidos en mi cuerpo y que deposito en otras bocas; desear un beso es como golpear en la parte más sensible de los labios; desear un beso es como maldecir un amor, como negar que se ama, como señalan con el pulgar algún crimen de amor.
"Me hace falta besarte", decía algún amante de ocasión; decía la boca maltrecha de una mujer que al nombrar la palabra beso esparcía cierto aire a desolación; el buz de su boca inspiraba el más aterrador de los romances, inspiraba el más

doloroso arranque de desesperado cincel que destrozaba alma y vísceras.

Besar así es el más silencioso de los pecados, porque es la más sutil de las blasfemias que se pronuncian al amor, al descuido y al tropiezo; porque al estar desnudos la duda desaparece y solo se pueden enmarañar dos cuerpos sin besar o se besa como pretexto, o se presta el amor, o se mata. La optativa constante de besar y no besar es más simple, es más delgada la línea, pero más oscura que una mano ensangrentada, porque se convierte en asesino, y después en muerto que camina como vivo.

"¡Bésame!", ruega y sin consuelo se queda y se duerme en silencio. La palabra se marchita y el sol y el agua no sirven más que para decir adiós, o nada.

¿Que no entiendes amor que tu beso fue como un cuento en el que no se sabe si vas o voy, y nunca más volvió? Su boca se acurruca en el silencio y no quiso volver a despertar. Pero por qué has de ser así, dulce beso; por qué enrollas tu lengua en mis latidos y después, al desenredarla, se enrosca en un amor desolado, en un triste paraje de miedo del cual es digno de espantarse y correr lejos hasta ese último asidero junto al mar, junto al canto de un hombre desesperado por una nueva boca sin aliento, sin venas y sin voz.

El beso puede ser más destructivo que el arma letal más letal de todas, porque el beso puede calcinar aún más que el fuego, porque este no deja cenizas ni rastros de los cuales recordar una noche más. Le resta un segundo a la patria dentro de mí, dentro la luna más rota que nunca quiso cambiar.

Pero dejemos esos besos al otro lado del estanque, dejemos el martirio de los besos que no se hallan en el silencio. Hablemos de ese beso nuestro que nos dio la vida y después nos mató, nos robó el alma y hoy de cofres nos deja, de cofres y baúles, llenos de romances y noches y mañanas.

Fue un instante, fue como todos los besos, fue como si una mañana te despertaras y fueras otro, como si la tierra se hubiese detenido, y al terminar siguió girando; por desgracia, el mundo nunca se detuvo, el mundo ahora gira sin ese nuestro beso.

Agradecimientos

Después de poner todo en contexto, solo quiero agradecer a mis padres por poner libros en librero de casa, por incitarme a las letras y mover mi corazón entero en torno al amor, el que da vida y mata al mismo tiempo.

A mis hijos, Sebastián y Valentina, razón de todas las cosas en mi vida; mi inspiración, fuerza y motor.

A Gris, por incitarme a llegar a este punto de la literatura, y a ese artista que me ha enseñado que mis ilustraciones hoy son mi nueva forma de expresión.